ammann

Ernst Halter

# Aschermittwoch

Gedichte

Ammann Verlag

Die Drucklegung des vorliegenden Bandes wurde von der Kulturstiftung PRO ARGOVIA großzügig unterstützt.


ISBN 3-250-01033-2

Pues la rosa sexual
al entreabrirse
conmueve todo lo que existe
con su efluvio carnal
y con su enigma espiritual.

*Denn kaum öffnet sich*
*die Rose des Geschlechts,*
*erschüttert sie alles, was ist,*
*mit ihrem sinnlichen Duft*
*und ihrem geistigen Rätsel.*

Rubén Darío, Cantos de vida y esperanza

# I

# PASSWORTE

Zeugnis geben
von brechenden Brücken,
klaffenden Türen,
Wänden, verwirbelt im Raum,
von Tagnacht und grellen Schrecksekunden
beim Durchgang des Fremden
und vom Zerspringen des Ich
mit einem Schrei.

Unter gekreuzten Klingen
trieb hier ein Glück vorbei.

Zeugnis geben
von Schizophrenie und Stoff,
der sich täglich
an einer Flugspur zerbricht:
Wir sind ihr verfallen, wir
Macher von zwei mal zwei –
plötzlich scheucht uns die Fünf
aus unsrem Schlaf von Blei.

# ASYMPTOTE

Der Asphalt spiegelt
deine weiße Gestalt,
die schwarzen Bäume
sind krank nach dir.

Wer bist du denn,
zu trommeln auf meiner Haut?
Ich bitte die eiserne Zeit,
daß sie den Tod zwischen uns
aufschiebt.

Im Grab geschlafen,
auf Erden erwacht,
Stimmen füllen den Raum,
wir hören,
vom herzzerreißenden Glück
fertiggemacht
und zur Welt gebracht.

Ich lebe ohne Erlaubnis,
die Zeit ist ein Knoten
aus Wut und Geschwindigkeit.

Ein Riß zur Linken.
Ich horche ins Dunkel hinab
auf das blinde Steigen der Flut.

## TAGE

Das Licht macht Kopfweh,
der Boden schwankt;
sagt einer ein Wort für dich und mich
in der dicht bevölkerten Leere,
bluten Zärtlichkeiten
nach innen.

Zwischen Abend und Morgen
fahr ich durchs finstere Land,
mißachte Vortritt und Rotlicht,
schneide Kurven,
rede laut mit dem weißen Wild und der Nacht,
die aus den Wäldern ins Tal steigt,
mit schimmerndem Samen die Flüsse füllt.

Die ewigjunge Blechsonne
über dem schneegrellen Land,
als wäre sie längst erklärt,
ein Rechenexempel des Großen Lehrers,
und selbst der heute morgen
aufgespannte Fiberglashimmel
glaubt an sich
mit dem brutalen Mut
von Ballonfahrern und Baggerführern.

Wie steh ich diese Tage durch?
Wann wird denn Abend?
Blasen im Gehirn,
bis wir uns wieder Leben spritzen.

Ein Vogelflug
als Gegengewicht der Welt,
Wolkenschatten frieren ihn ein,
ein Blick taut ihn auf,
der Bleistift liegt mir in der Hand wie du.

Zuweilen geht durch die Augen
ein fremdes Gesicht mir,
urverwandt und blutig.

Kinder,
uns aufeinanderzulegen
und zwischen den Küssen zu reden
von deren Absurdität.

Klarheit willst du?
Klar ist der Exitus
und Liebe der Weg.
Schlaflos Tag und Nacht
bedenkt sie das Leben.

So müssen wir
ohne Rückkehr und Ankunft,
hörig dem Sog
des dunklen Zusammenhangs,
gehn.

## DER ELFTE ELFTE

Dein Lächeln
im ungewissen Schimmer
von Mond, Nebel und Straßenlampen
am Rand der Großstadt.

Zwei Vögel Nimmersatt.
Unerschöpfliche Einverleibung
auf der Flucht vor dem Tod.

Und schlagen wir die Augen wieder auf,
schwimmt die Schwerkraft Ertrunkner
auf unsern Gesichtern.

## ABSCHIED

I

Mitternacht vorbei, du gehst,
der Asphalt der Garage
im lila Neonlicht,
ein Schild: Geschlossen.
In Schwarz vermummt gehst du,
schaust dich nicht um:
Schritte einer Hirtin
vor der verrußten
Betonmauer.

Du überquerst die Straße
und ich wende
durch fünfzig Kilometer Nacht zurück.
Ein Dunkelnebel senkt sich
zwischen dich und mich:
Niemand, der mich überholt,
weiß.

Du drehst dich um:
Wie soll die Welt uns kennen?
Wir sind die Welt –
wir sehn uns wieder,
daß sie nicht zerfällt.

II

Der letzte Versuch
Stunden zusammenzupressen
in eine Umarmung
und diese weit in die Zukunft zu werfen,
die uns egal ist
und ohne die wir
nicht leben können.

Ich fasse mich nicht mehr,
ich bin,
was sich durch deine Ferne
von einer Gegenwart spannt
zur andern,
ich zerfalle in der Berührung.

Noch eine Nacht
die Ersten, Einzigen, Letzten,
und ich wage den Sprung.

Verloren wir selbst,
ertrunken in Leicht- und Schwermut
der wilden Liebe,
die einschlingt und auswirft.

Beisammen ohne Wahl,
Schlottern und Entzücken,
unsre Zellen tauschen die Pole.

Auf dem Hügelrücken
bläht der Boden sich auf,
Schnee fällt,
und beide wissen wir nicht,
wie diese Liebe bezahlen.

## BEDROHUNG

Verdichtet in eine Nacht
Hast und Gewisper
der abgeschiedenen Liebenden.
Atemlos halten wir Stunde um Stunde
die Zeit gegen den Tod.

Was hast du Angst?
Die Wolke hängt über uns!
Plötzlich frieren wir
in der Präsenz eines Fremden.

Du steckst mir eine Zigarette in den Mund,
die Flamme springt, und ich sehe

den Untergang des Hauses Usher.

Ich lebe, weil ich liebe,
ich bin, was ich muß,
und werde dafür in den Himmel kommen.

Es gibt keinen Himmel,
es gibt keine Hölle,
du,
es ist Zeit.
Wir tauchen auf gläsernen Flossen,
während es draußen schneit.

## BLAU

Lieben Sie Gold
oder lieben Sie Blau?
Die Gastgeberin
schob mir zwei Tassen hin.

Blau,
eine Welle. Du lagst
in einer mit dir
geborenen Felsenbucht,
weiß.

Du warst nicht dabei. Die Dame
klagte über das Regenwetter.

Ich wußte nicht,
ob du die Farbe magst,
die ich mit klopfendem Herzen setzte.

Keiner merkte was in der Runde
außer dem Tod,
der die Gesellschaft
auf den Händen trug.

Hinfort sind wir blau,
und er nur versteht
außer uns.

## ALLERSEELEN

Was für ein Land ohne Rückkehr
hinter den Hülsen der Tage?

Mit dem Schwindel der abgeschafften Distanz
wächst der Abschied,
wir hören unter den Küssen
tonlos Worte, Sätze bereits
der Trennung,
wir liegen uns in den Augen,
als wär es für immer
oder zum letzten Mal.

Wir krallen uns in den Nebelfleck,
darin das andre verdämmert
und mit trotzigem Mund
wegtaucht.

## ROTE WOLKE DER NÄCHTE

Mund auf Mund, Leib auf Leib
das Feuerkleid,
der Mond und die Lämmer,
über schwarzen Hügeln
das Harfengehörn der Stiere,
während der Fluß zwischen uns hinabfällt.

Tränen,
dein großes Geschenk.

## INEINANDER

Ein und aus durch die Haut,
du fliegst mir entgegen,
du fliehst,
warm bist du, kalt,
ich kenne das Schlüsselwort nicht.

Plötzlich bricht zwischen uns
eine stumme Augengewalt aus,
Rieseln der Regennacht,
ortloser Schwindel.

Dies ist die Grenze. Ich ging
ein Lebenlang darauf zu.

Was schreit es in der Luft?
Daß der Meister uns zuläßt.
Wir fassen Mut
und tauchen ins Dunkel,
wir,
dies unersetzliche
Nichts.

Ein Mund
und so viel wäre zu essen:
Ich reiche nicht hin.

Das nachtlange Trauerglück,
in das dein Körper sich auflöst,
doch immer die Rückkehr zu deinem Gesicht:
Ernst eines innern Organs,
nach außen gestülpt
mit zugewachsenen Augen.

Das namenlose Tier
taucht in die Tiefe.
Geschrei.

Aufgetaucht in die ovale
Dezembersonne über der Autobahn,
ausgefällt in die Zeit
starrst du ins Licht.

Also stieg aus der Nacht,
die sich einbog um uns,
doch das rote Auge empor,
und Sturm aus dem Jenseits jagt
Schlagschatten vorbei.

Nimm dich in acht,
ich greife ins Steuer,
wir prallen in eine Wand.

Sag mir jetzt, wo wir sind,
unversehrt, Hand in Hand,
auf welcher Seite des Spiegels.

## HERZVOGEL

Um acht der Orangensaft,
deine Hände verloren im wilden Haar,
und sprachlos nahmst du den Gürtel,
die Schnalle deckte den Nabel.

Mit einem Schrei
flog ein Vogel mir zu.
Da hätt ich mir mit den Kleidern
den Tag vom Leib reißen mögen.

## BITTE

Was weiß ich von dir?
Gesicht, Körper, Stimme,
Fieber und Schlaf.

Du gehst durch Gewitterwiesen,
weiße Kinder, Mohn,
ich stehe auf Messern
und hebe die schwarze Hand
im Tunnel dieses Abschieds.
Sinnfülle deiner
großen Absenz.

Du entfernst dich,
ich spiele dein Spiel,
bis du Schluß machst,
ich bitte um Aufschub
für einen einzigen Spieltag.

Was weißt du
von mir?

Beschleunigt die hautlose Verzückung,
die Zwölfjährige zueinanderlegt
und Augen austrinkt,
deinen Atem?

Dein Freund und Helfer,
dem du zum Abschied den Mund reichst,
kann ich nicht sein,
ich rate nicht,
diskutiere nicht über Grade der Liebe:
Wir sind weg, wir sind da
mit Haut und Haar,
weg, da.

Ich bin krank
und du bist verboten.
Dein pharaonischer Augenschnitt.

Was bitt ich dich
Ahnungslose
zu sein, die du wärst
mir in den Händen
wie Eva dem Alten.

Aber selbst Eva war frei
zu wählen das Flüstern im Baum.

Sein Wüten – er liebte
in ihr nur sich.
Warum,
statt die Einzige auszustoßen,
hat er die Lichtmauer
nicht selbst überstiegen?

Ich beiße in den Löffel,
als ob er aus deinem Mund käm,
und schlucke das Frühstück mit Wasser.

Ich sage dich tot.
In mir wirst du bleiben,
ein Bild
mit Leib, Zärtlichkeit, Schmerz.

Ich streichle über die Schneide des Messers.

## EISZEIT

Der Tag ist der Tag, ich sehe
Licht auf Schnee,
höre Menschen,
ich brauche ihr eiszeitliches Idiom,
ich brauche ihre schlüsselfertige Welt.
Wo ist der Schlüssel?

Ich will mich erinnern:
Es gab die Hände der Dinge,
ich pflückte Worte
aus der klingenden Luft,
ein Mächtiges sprach für uns –
was nur?
Niemand hat es gehört,
schweres Abendrot aus Asche,
Hände voll Wind.

Die Kellnerin brachte den Schlummertrunk
vor dreißig Tagen:
*Boas noites.*
Die Nacht ist die Nacht.

Schlafen möcht' ich, der Mond
blendet uns Tote im See,
unter den grünen Laternen,
die dich erhellten,
nagen sich Ratten
durch versteinerte Schatten.
Nur am Ort der Trennung
blüht Schnee.

## NACHTS IM WAGEN

Magische Stränge die Straßen,
Asphalt, Lärm, Blech,
die wir zusammen gefahren sind.

Metaphernfernster Ort –
du warst, wo die Hand
auf den Polstern liegt,
den Blick schmal
auf heranrollenden Lichtern.

Schnee auf der Zunge,
Herzschlag,
ein Nichts.

Tränen sind so.
Plötzlich wallen sie auf,
halbdurchsichtig
zwischen uns und der Welt.

Ich warte auf deinen Brief –
es kommt die Zeitung,
ich warte auf deinen Brief –
es kommt die Katze,
ich warte und wische Tränen –
es kommt
nichts.

Wieder ist die Zeit,
vor der ich zu dir floh,
ein Schwindel, unabsehbar,
windige Tage,
wolkige Nächte
und Schutt.

Was tun
mit meinen fünfzig
Kilo Leben?

## DIE GROSSE SYRTE

*Für E.*

Das Große Nichtmehr
wie die Große Syrte
und der Große Bär:
einfach da,
nicht leerzutrinken,
nicht vom finstern Himmel zu holen.

Nicht mehr die Weide der Augen,
der Anruf der Haut,
nicht das Auf- und Nieder-
steigen durch klingende Leitern
der beiden flügelschlagenden Vögel,
nicht das Gedenken mehr,
damit das Nichtmehr
erträglich sei.

Versammelt auch du und ich
zu den Toten im Algenmeer,
Partikelschauer einer Winternacht.
Daß es uns gab
ist eine weiße Trauer.

Das Große Nichtmehr
wie die Große Syrte
und der Große Bär.

## GRAVITATION

Die Anziehung der Erde ist rot,
die goldgewichtigen Städte
läuten von fern,
unter der Glocke der Schwerkraft
bitt ich die Dinge, mich zu lieben.

Du geschenkte Wunde, langer Mut,
aus der Erschöpfung zu sein.
Krank nach dem Glück,
das Jahre wog, Tage leicht war,
weine ich, um zu leben.

## DIE ABGESCHIEDENEN

Du gingst an mir vorbei
und streiftest mich,
ich spürte nichts, die Nerven
hatten sich zurückgezogen,
Menschen wimmelten um uns,
du glittest durch die Menge
körperlos
und standest plötzlich
hinter einer Schranke, weiß
mit quallenbleichen Händen,
die Augen blickleer,
selbst das dunkle Haar
war blond geworden,
der Strom der Menschen
schob mich hin zu dir,
ich sah zu Boden,
wissend, ich bin Luft,
dies ist das letzte Mal,
daß wir uns nahe sind,
das letzte,
und der rote Schmerz des Todes zwischen uns
und der erloschnen Seelen
riß mich aus dem Schlaf.
Es dämmerte.

Jahre und Menschen,
Haut und Haar,
Responsorien von Schreien und Geflüster
und die Sonne,
ausgegossen am Grund der Nächte,

für zwei Flecken ungemischtes Traubenblau,
für zwei Schatten, waagrecht, senkrecht, dein
Geistgesicht.

Unheilbare,
du schläfst,
du träumst mit offenen Augen
unser beider Zerstörung.

Durch einen Nadelstich
ist der Himmel verblutet.

Ich rede, plötzlich
leuchtet ein Wort,
und der hagere Fremde,
der im Doppelruf des Kuckucks vorbeigeht,
kennt eine irre Sekunde

den eisbewehrten Garten,
wo wir verharrten,
und die Reusen der Träume im Fluß.

## DER NACHBAR

Seine Nähe –
ein Gang in drei Apotheken,
dieselbe Dosis:
Er ist da,
auf der Schwelle
der Schatten seiner Grußhand.
Oder im Wagen,
rechts auf dem Polster,
ein Blinken von Wasser.
Meine Unwirklichkeit am Steuer ist er.

Verwunderung, daß er schon immer
nüchtern und hilfsbereit
über dem Zaun
gewartet hat:
Wie geht's denn? Besser?
Nein – oder eigentlich
ja.

## ROHYPNOL

Endlich die Droge Vergessen:
eine Tablette pro Tag,
ich bin frei und fit.
Das ist Basler Chemie!
Die Dosis verdoppeln,
und in vierzehn Tagen
warst du nie.

Gegen Abend färbt
der blinde Himmel sich rötlich,
schwitzt einen klebrigen Schmerz aus.
Das ist Basler Chemie!
Was war nur?
Mein Leben vor dem Tod!
Ich darf nicht schlafen, ich habe
Angst vor der Schlafkrankheit.

## DIE SCHÖNHEIT

Wir waren die Fremden von der Grenze des
Lichts,
wir wußten von Heimat
außer im andern nichts,
dem lieben Tod in den Armen
lagen wir,
lebten.

Das Glück von immerdar
kam von selbst über uns, wir sahen
das innre Gesicht,
das wir nie tragen, wir hörten
unsre verbotenen Stimmen,
Frost überlief uns und Schweiß.

So der Verlust, du gingst
wie einer, der das Zimmer verläßt
für zwei Minuten,
mitten im Satz,
und nicht wiederkehrt.

Du hast mich gelehrt,
einen Apfel anzufassen wie dich.
Hier wird,
was in deiner Schönheit
grundlos zu eigen sich gab
und entzog,
erinnert.

Dieser Körper im Bad:
wir glichen uns,
mitgewachsen im selben Leib
glitten wir ineinander.

Warum blieben wir Fleisch
auf Geschwistersuche und trostlos?
Warum nach Stürzen der Zärtlichkeit
des andern Geheimnis?

Die alte Sage dreht mir im Kopf
vom einen Wesen,
das beide war,
und ich kann nicht glauben,
kann nicht,
daß wir für immer geschieden sind.

## AM NACHTFLUSS

Heut nacht schwamm ich allein
im Kamm einer grauen Flut,
der Atem ging angstlos,
am Himmel standen drei Sonnen,
unter Wasser die Marmorsäulen des Schlosses.

Heut mittag ging ich durch die Stadt am Fluß,
die Luft war zärtlich, die Haare
legten sich weich
um die Gesichter der Frauen.

Heut abend griff ich zur Sense,
schnitt das Gras ums Haus,
sah die Zeit
in Leere ruhn, Wellen schlagen –

mir graute vor den wesenlosen Tagen.

Die rieselnde Zeit, deine Stimme
schallos im Hinterkopf,
Vogelkehlengeheimnis.
Gläsern wanderst du mit
durch das stäubende Gras,
und ich lege mich schlafen,
als schiene der kalte
Viertelmond unsrer Nacht,
als wärst du im Nebenzimmer, und ich
hörte den Fluß gehn, ich
würde dich sehen,
frisch gebadet,
in der nächsten Minute.

Die rieselnde Zeit, vielleicht
hat sie dich zugeschüttet
bis auf die Schreie im Traum,
den Riß des Lächelns.
Ein Blick war der Faden,
der uns zurückhielt, eine
nachgezogene Braue.

## ADAM

In Wellen überschwemmt mich
der weiße Abschied:
evakuiert.
Aus der Vertauschung unsrer Nächte
ist umzusteigen auf die Tat des Tags,
Geschirr zu spülen,
Nahrung anzunehmen.

Wieder geht durch mich
die Rede von den Dingen
auf den mühsamen Feldern der Pflicht.

Wir gingen fort,
für immer und für nie,
das schartenscharfe Hier,
ein ungewisses Dort.

Nacht ist Tag,
Schlaf ist Wachen.
Unter Wasser unser Lachen,
als eins beim andern lag.

## ZEITKRÜMME

Plötzlich wird die Hand am Steuer,
im Feld ein Bussard
und was ich denke,
Rot – Baum – Frau,
unerträglich leer,
der Magen dreht sich:
rotbaumfrau –
na und?

Verkohlt vom Licht
eine Herde Schafe,
ein Schiff mastunter,
ein ferner Schuß.

Mich reißt durch Atemnot und Zeit-
Stillstand
das Sausen der Schwerkraft
vor allem Sinn:
Dies sei nicht das Ende,
nicht überhaupt nichts,
dies
sei der Beginn.

## LEID

*Für H. W.*

Das Licht ist, wie es war,
die Gegenstände haben nichts dazugelernt,
die Zeit zieht weiß vorbei,
das Tun geht hin und wider,
der Abend füllt sich mit Geschrei,
die Nacht ist unbesternt,
der Vorschlaf ein Ersticken,
der Traum sucht fremde Glieder.

Und muß er ihr begegnen,
wird ›lieb‹ ein krankes Wort ihm sein,
erinnerte Behauptung, kaum geglaubt,
an ihrem Mund vorbeizusagen.

Er lebt am Grund der Klagen,
weil das Gefühl nicht mehr zum Grund,
wo sie ihn sah,
gelangt.

So weht die schwarze Trauer
von fern ihm ins Gesicht,
spricht ein paar Worte, atemnah
der Mauer.

## GEHEIMNIS

Die rote Frage,
was mich an dich bindet.
Die Angst vor meinem Spiegelbild,
das älter wird,
indes ich jung mir scheine.
Das Grauen, daß wir tot sind,
obwohl die Schritte meiner Flucht
noch immer auf dich zugehn.
Das irre Inbild zweier Engel,
die sich wortlos gegenüberstehn,
als wär's für immer.

Die rote Frage:
Warum haben wir es nicht gekonnt?
Was nahm der Verzückung die Dauer?

Ich beiße in den Apfel
aus Trotz und Trauer –
uneßbar

und ein zuckendes Geheimnis.

## PORTRAIT

Dieses Gesicht im Spiegel ist
älter geworden,
sparsame Falten unter
überfallendem Haar.
Dieses Gesicht ist, tot oder lebend,
unvermißt,
wieder
sein Gesicht.

Darunter die weiße
Eleganz der Distanz
und zwischen Mittel- und Zeigefinger
die Zigarette.
So der Versuch, durch die Blicke zu gehn,
als säh sie ihn noch,
doch sichtbar ist er nur
den Augen der andern.

Dieses Gesicht im nächtlichen Spiegel,
durch den erhellten Raum
an die Oberfläche gestiegen,
ist er selbst
und so fremd,
daß die Hand
es zögernd vom Glas wischt.

## GEWITTERORT

Versponnen in meine Absenz,
unwillig zu teilen
und geteilt zu werden:

Was berührt mich
die ungezählte Zeit des Sommers,
die Stille der in der Ferne bellenden Hunde,
Frucht in schwarzem Laub
und wie du gläsern
zwischen den Stämmen verschwindest?

Die Wolke wächst
grollend zur Dämmerung,
verstohlen deuten die Zweige am Wind,
der durch den Garten tastet,
die sanfte Gewalt des Seins,
ausgesetzt in den Raum,
lodernd im Blitz,
ein Schrecken.

Ich schließe die Augen –
plötzlich faßt mich der Schlaf
mitten im Tag.

Die Trauer in der Flugbahn eines Steins:
Ich war
und die Dinge waren durch dich,
die wenigen, die der Winter freigab,
Straßen und Räume,
die wir zusammen betraten,
geschwistergekleidet
in murmelnde Stimmen und Wärme.

Damals lag Schnee
und heute sammeln sich die Stare,
meine Bedeckung ist
eine Haut mit Rissen, eine Membran,
ein Schmetterling bricht hindurch
bei der Landung,
und chemische Träume durchädern die Nächte:

Wir stehn auf der Marmortreppe
über dem schiefergrünen Meer,
dicht die Lippen und schwarz die Augen.
Du wirfst dich ins Wasser, ich
springe dir nach.
Die andere Küste
werde ich niemals erreichen.

# JAHRZEIT

I

Flut einer Nacht
und Ebbe eines Jahrs,
Klang tiefer Schichten.
Mein Blut ist weiß,
verschneit von Zeit,
ich starre auf Papier und Stift,
mir bleibt als einziger Beweis
die Schrift.

II

Tag, und sie gingen
unter Schattenrissen von Bäumen,
klare Gesichter, sie tauschten
die Farbe der Augen,
zu sagen war nichts,
mit den Blicken
nahm eins sich vom andern.
Blinkflug der Blätter zum Grund des Nebels,
zwischen leeren Zweigen
Luftstraßen der Vögel.

Nacht, und sie wurden bleich,
sie gingen einander verloren
bis auf die Wärme der tastenden Finger,
statt der Augen
brauchten sie ihre Stimmen. –

Stehend für sich in der Dämmerung
unter aufgeplusterten Krähen
sieht er durch ihr abgewandtes Gesicht
ein früheres wohl
und hofft,
es gehe ihr gut.

III

Jemand und niemand,
der Mann im Mond:
er richtet sich auf,
beide Hände voll Laub,
geht gewichtslos
durch drehende Dämmerung
und öffnet die Arme.

November war die Zeit,
gelöscht vom Glück,
das allein auf der Welt ist.
Schlotternd in einem Mantel,
die Wimpern sternig
verklebt vom Nebel.

Aus der dichteren Nacht
weht ihr Gesicht heran,
und er hat kalt. Ihr
war der erste Schnee
unter die Füße gelegt.

Sie schlägt die Augen auf,
ein sekundenkurzes
Grauen.

IV

Dieselben Felder
und kein Wort,
dieselben Flocken
durch mein Haar
auf Brauen und Hände –
uns kein Ort.

Das weiße Weitermachen,
dressiert zum Job,
die Handhabung von ein paar Sachen,
als wär das ich
und nicht der Atemzwang,
dem es beliebt,
daß es mich mir zum Trotz
noch immer gibt.

## DISCHMÀ

Über den grünen Kuppeln
der wachsenden Gletscher
kreisen die Verstorbenen,
eishell im Widerlicht
auf Glimmerblöcken die Blüte.

Ein ganzes Jahr fiel Schnee,
eine Welle Schnee über uns
Umschlungne am Grund
der steinernen Klüfte.

Frost weckt mich auf:
Niemand ist hier.
Zweieiniges Wir:
wie überstehn,
entzweit von dir?

## KONFERENZ

Jemanden sehn, den man einmal –
zwischen Tür und Angel
nach dem dritten von fünf Terminen –
jemanden sehn,
Atemsperre und Unwort
zwischen Tür und Angel,
Doppelverrat der Stimmen.

Und Schritte weiter
die nächste Geschäftsrunde,
Ascheflocken im Raum,
das Rührwerk der Minuten.

Im scheinwerferblauen Abend
das Herz aufessen.

## GEDICHT ZUR STUNDE NULL

Kommen müßte eine Stimme
aus der irren Angst,
durch die Zeit zu fallen,
wenn jedes Denken und Tun
abbricht,
der vom morgigen Regen graue Himmel
mich unter sich stehn läßt
und die paar Menschen um mich
die Lippen bewegen,
schallos,
da meine fünf Sinne
tot sind
und ich,
als wär die nullte Stunde
vor Zeit und Raum,
nicht bin
und nicht weiß was.

Verwandle dich in Schnee,
sei ein Klang von reißenden Saiten
oder plötzlich
aus einer blauen Kugel
ein Vollkommenes,
das es nie gab.

## AMERICAN EXPRESS

Was bleibt
sind die pulverbläulichen Rechnungsbelege
der Card Services von Amexco,
nicht ganz innenhandgroß, ich habe
ein paar Stunden gelebt, ich bin sie
schuldig,
und um den Schein zu wahren, zahl ich
mit blauen Scheinen zurück,
denn die Wanderung einiger Ziffern
von Terminal zu Terminal
verlängert meinen Kredit fristlos
und stärkt ihren Glauben
an die Macht der wachsenden Summen
über die unverzinslich
ein für allemal
austickende Zeit
und das müdegewordene Unteilbare,
das keiner mir abnimmt in der
hiesigen Zerstreuung
und von dem ich weiß,
es wäre
unser.

## MASCHENRISS

Die Macht der roten, der weißen
Worte:
wiederlesend, was ich geschrieben
vor einem langen Jahr,
fliehe ich eine geschenkte Sekunde
hin zur Nacht
mit offenen Armen,
die uns,
mich verloren in dir
und ganz mit dem Ganzen,
auffängt,
atme,
falle zurück
durch einen Schwindel von Trauer.
Leere Silben –
fassen die Trennung,
fassen nichts.

## NÄCHTLICHE RÜCKKEHR

Ich such dich an den Straßen
um Mitternacht,
ich suche, die Augen im Nordwind,
bei den kargen Laternen:
unauffindbar dein Haus
unter dem Schnee,
deine Stadt in Trauer,
als hättest du diese Finsternis
auf die wenigen Gänger, jenes
schattenhafte Paar
mit der schwarzen Gitarre
gesenkt.
Ich folge zwei Stimmen
ans Grab ihrer Zärtlichkeit,
ich höre den letzten Türschlag.
Noch immer
liegt die versteinerte Nacht über uns.

## ASCHERMITTWOCH

Lichtgestachelte Nacht,
unter den zuckenden Augenkränzen der Eulen
ich, zwei Finger am Lenkrad,
fahre auf Umwegen, die
unsere Wege gewesen sind:
Meilendörfer, verbellt,
die nicht mehr gezählten
Tage und Nächte der Flucht
auf Niemandsstraßen
seit dem letzten Herzwort.
So stöbere ich betrunken
im Verwesenden nach der Glücksspur,
aber die Täler sind leer,
und die Menschen
schlafen zusammengerollt unter Dach und Fach.
Kälter das Herz, wir schlagen
den gläsernen Himmel um uns,
wir lecken den Faden Blut
aus deinem Mund und aus meinem,
Aschenplanet und Eiswind,
der die Flocken
umtreibt.

## GEBURTSTAG IM HOTEL »BERLIN«

Gemütlich sitzt bei Rauchlachssuppe
und Château Mouton Rothschild unsre
Gesellschaft auf Abbruch,
die Frisuren der Damen
swingen mit dem Piano,
ehrliche Herren, Eros
und frische Erdbeeren im Frühling.

Man plaudert im Wasserfall Zeit
angeregt über nichts,
man schweigt von Schmerz und Wundloch,
und ich vergesse die eingebuddelten Raketen.
Schön warst du, ich gähne,
und schwimmend in Wärme und Müdigkeit
denk ich behaglich an den
runzligen Tod dieser glatten Gesichter.

Ich geh auf mein Zimmer
durch ausgeflockte Worte,
erstarrte Gebärden.
Um Mitternacht läuten
in den WC-Spülungen
die Osterglocken der Walddörfer meinen
sechsundvierzigsten Geburtstag.

Ich sehe auf weißes Meer,
Schiffe nicht, Vögel nicht,
ich höre Wellenläuten.
Distanz.
Ich kann dir fast schon schreiben
wie einem Freund:
Es geht mir besser, ich denke
häufig an dich,
ich mag wieder essen
und tun, was ich muß,
ich übersteh die Zeit,
und faßt mich der Schwindel der Tiefe
unter der Wasserhaut,
geh ich schwimmen,
Tränen kommen mir nur,
wenn mir ein Staubkorn ins Aug fliegt.
Die Margeriten treiben
kühl auf der Dämmerung.
Ich lebe.

## IN MEMORIAM

Nachdem unser Märchen erzählt ist,
liege ich unter den Wolken des Nordseetiefs,
das diesen Sommer einbringt,
folge den Schwalben
in mückendunkle Fernen.
Die Erde trägt,
mich freut ein Feuer im Feld,
das Blitzflackern im Fenster,
das Fließen des Lichts.

Ich bin ein andrer geworden,
ich glaube kaum der Erinnerung,
den Worten, die ich geschrieben,
ich war ein Gerücht.
Doch du?

Mit deiner Fülle
maß ich die Leere aus,
von ihrem Reichtum
weißt du nichts.

Ich habe mich selbst erlernt,
und kommt mich die traurige Lust an,
wanderst du über den Bildschirm.
So weiß ich wenig zu klagen,
ich bin mir nicht geschenkt,
doch unbenommen,
sichtbar.

# II

## FÜR EVA AM ABEND

Überflutet von Dämmerung,
schlafwach und halb
hinter der Stütze der Hand,
das blonde Haar eine Wolke,
schwimmt dein Gesicht,
und Grillen feilen im Fenster.

Dein Schweigen
ein schwarzer Brunnen,
zwischen dir und mir in der kreisrunden Zeit
schöpfst du tiefer
Trauer und Leidenschaft,
du kennst die Umwege, wartest.

Gelehrt hast du mich
den Anfang von Leben und Tod.
Was du übrigließest
brachte ich dir,
Ungeduld, mühsamen Mut und Umsicht,
ein Stück Gewißheit
auf Widerruf.

Du horchst,
die hellen Augen voll Nacht.
Wenn du wüßtest, mir gegenüber
unter Wasser und stumm,
während dein Umriß sich löst ins Dunkel,

daß ich da bin.

## HIATUS

*Für Carl Dahlhaus*

Jemand ist tot.
Wer hat den Namen vermißt?
Sich sagen lassen?
Gehört?

Unauffällige Silben.
Standen für Leib und Lachen
und für die Geste
der zur Stirn gehobenen Hand.
Ein Wort
sprang von dort in uns über,
verwuchs mit dem scharfen Glück
unserer Antwort:
Du.

Gestern gelöscht,
ein Loch in der Landschaft,
ein Umriß vor finsteren Wäldern,
spiegelnd die leere Luft
und unsere schwarz
gespreizte Hand.

Silbrige Haut
zerknittert im Feld,
die Libelle ununterscheidbar
vom flimmernden Himmel.

Wir lernen mit Wiedergängern zu leben,
Geistergezirp im Hinterkopf
und dem jähen Schmerz
des aus der Liebeswunde gerissenen
Dolches.

## TOD IM MÄRZ

*Für Hermann Burger*

I

Dein Werk offen,
du versiegelt,
du wurdest gepflückt,
sie teilen dich in Rubriken,
wir teilen uns in die Klage.

II

Versiegelt die blauen Lippen,
so viel unerhörte Sprache
für immer verschwiegen,
die tiefsten Bilder vom Gewicht der Welt
dunkeln mit deinem Blut.
Du drehst das Gesicht
in die andere Dimension,
gehst an der großen Hand
des Gottes im Schlapphut.

Gefroren die Stimme im Ohr,
das explodierende Lachen fixiert auf Tonband,
ein leeres Blatt in der Schreibmaschine.
Ungeduldiges Kind,
dein Leben ein Rollenspiel
auf der Suche nach dir,
du hast das Verschellen geübt
für den letzten Skandal: die absolute
Vergangenheit.

Du ragst vor dem Fenster
in die lichtdurchstäubte Weite
dieser Tage der Stare
abgewendet und wartest,
ein Sog dein Verstummen, schwarzer Wind
sträubt die Blüten am Grund.

Und geht die Tür,
denken wir: du bist's,
horchen den zögernden Schritten die
   Eichentreppe herauf,
doch in den Sessel, der dir gebührte,
setzt sich ein andrer
und weint um dich.
Wir lernen deine Präsenz und die Liebe
ganz
im Abschied.

III

Zu früh für uns: zu oft
hast du den Spruch zitiert,
gezehrt an beiden Enden deiner Spanne,
viel Leid geschaffen,
noch mehr Angst gelitten,
jeder Anfall messert im Gehirn.
Du schlägst die Hand vor die Augen:
Walsers Erlöschen? Nein!
Leg uns den Kopf auf die Schulter.

Jäger, gejagt im Kreis
um den Mittelpunkt unserer Schwerkraft.
Monat um Monat liegst du auf dem Gesicht,
plötzlich stehst du,
wandelst im äußersten Licht, verfallen
Kindheitsdüften und Spielzeugarchen,
belagert von Stimmen.
Aber sie singen dir
Scherzi, Fugen, Kantaten einzig
des Todes.

Dein Traum von Großer Magie – durch alle Wände,
in Ringen, in Kartentricks.
Im Wort allein
wirkt dir die Schöpfung fort,
Memnons Säulen, Amphions Mauern
tönen dir im Harmonium,
dich rührt die Schwermut des Kleinen,
der Reim in Handstand,
Poet des Protokolls,
von Quartheft und Gabillen,
aus Draperien des Eskamoteurs
nähst du dein Nessusgewand.

Brennend stehst du in der steigenden Flut,
Licht huscht grell über Schreie,
Särge und eine Zaubergeste,
hängend im Raum.
Bei jeder Einkehr ist dein Schritt,
betrunken vom nüchternen Ende,
weniger sicher.
Du spielst die Coda
ohne Noten und wortlos.

## IV

Auf welcher Seite der Mauer?
Männerchor? Pfarrer? Nichts?
Die Rubrik entscheidet.
Du wolltest recht behalten,
klammerst den harten Kern des letzten Rechts
in deine eisige Hand.
Hast du das Schicksal besiegt?
Uns fehlt dein Bericht.

Uns bleibt erkaltete Erde,
wo du gingst,
Mythenlandschaft ironischer Liebe und Trauer,
Leben als Nebel.
Wir lesen es neu
durch dein Totengesicht.

Weißt du die Abende:
gläsern der Gartenkiosk,
über Waldkaskaden die Himmelsröte?
Still warst du da in braunen Blicken.
Hörst du die Pausen durch die Gespräche
unter dem wilden Wein,
zwischen den beiden Sophoren?

Jeder von uns, wenn er schrieb,
wußte den anderen nah.

Du bettest dich zu Eiche, Palisander,
Blanc clair und Porphyr,
zu Wigger und Umberer,
den größeren Heeren.
Durch den Herzdiamanten
kehren unsere Stimmen zu dir.

Wir Trauernden lieben uns tiefer.

V

Wir teilen uns in die Klage
seit der letzten Umarmung
am Tor zum weißlichen Weg.
Du kehrtest dich ab
mit dem Schritt des Lauschers
den stürmenden Lichtern entgegen
am andern Ufer der Nacht.
Wir rufen, wir winken,
du watest hinaus,
die Angst auf der Lauer.

Begraben an einem windigen Tag,
gelegentlich Regenschauer,
der Chor stand in Reih und Glied.

Dein Werk offen,
du versiegelt.
»Es timbert im Tal.«
Kein Widderblut öffnet den Mund dir
und uns die Pforte der Schattenmauer.

INHALT